Yvonne Adamek

Marielle Enders

Träumen vom Landleben

Was uns mit der Natur verbindet

arsEdition

DIESES BUCH GEHÖRT

~ Aycia ~

van derei Fraucia

~ Jaui ♡ ~

Das Landleben
lockt sogar diejenigen,
die sich nichts aus
ihm machen.

Fernando Pessoa

 NICHTS KOMMT DEM

Landleben gleich.

ES VERMITTELT MEHR ECHTE
FREUDE ALS IRGENDEINE ANDERE
LEBENSWEISE.

Katherine Mansfield

Komm mit!

Hast du schon einmal darüber nachgedacht, wie es ist, auf dem Land zu leben? Raus aus der Stadt, weg von den lauten Straßen, den teuren Wohnungen und den vollen Parks, der Hektik und den Sorgen?

Vielleicht sehnst du dich danach, endlich anzukommen in einem kleinen Haus mit deinem eigenen Garten voller bunter Blumen und frischer Kräuter. Oder du willst einfach abschalten, die vielen Stressfaktoren des Lebens in der Stadt loswerden und die Ruhe der Natur genießen.

Vielleicht bist du auch umgezogen und steckst mit deinen Händen bereits tief in der Erde, um die ersten Blumen zu säen und dein eigenes Gemüse anzupflanzen.

Wo auch immer du gerade bist: Wir möchten dich mit diesem Buch einladen, die einfachen Dinge im Leben wiederzuentdecken, zu erleben, wie es sich anfühlt, etwas mit den eigenen Händen zu schaffen. Wir möchten deine Augen für die Schönheit der Natur öffnen, damit du dich über das Rauschen der Blätter oder einen bunten Schmetterling auf einer frisch aufgegangenen Blüte freuen kannst.

LASS UNS GEMEINSAM AUF DIE REISE GEHEN!
Deine Yvonne

Inhalt

DIE GEWOHNHEIT
HAT MICH DAS LANDLEBEN SO SEHR
LIEBGEWINNEN LASSEN, DASS ICH SOFORT
VOR TRAURIGKEIT STERBEN WÜRDE,
KÖNNTE ICH KEINE BLÜHENDEN BÄUME
MEHR VON NAHEM SEHEN.

Jean-Jacques Rousseau

Wo wollen wir leben?

Ja, das Leben auf dem Land ist anders als in der Stadt. Es ist vermutlich nicht so flirrend oder aufregend. Hier gibt es nicht an jeder Ecke ein Café oder eine Bar. Und manchmal steht sogar der nächste Supermarkt erst hinter der Ortsgrenze. Aber das ist es auch nicht, was wir hier suchen. Es sind eher Werte wie Bodenständigkeit, eine intuitive Verbundenheit mit der Natur, Ruhe und Einfachheit, die unsere Sehnsucht nach dem Land wecken. Laut einer Umfrage würden 40 Prozent der Deutschen am liebsten in einer Kleinstadt leben, 38 Prozent zieht es aufs Dorf und nur bescheidene 22 Prozent können sich vorstellen, in einer Großstadt zu wohnen. Leider entspricht der Wunschwohnort nicht immer der Wirklichkeit: Die meisten Menschen, ganze 60 Prozent, leben zurzeit in größeren Städten. Aber im Grunde ist es auch egal, wo du wohnst, deine Sehnsucht nach Natur, Ruhe und dem einfachen Leben kannst du näm-lich überall dort stillen, wo du bist – immer dann, wenn du es brauchst.

Es gibt Wichtigeres
im Leben, als beständig
dessen Geschwindigkeit
zu erhöhen.

Mahatma Gandhi

Stadt, Land, Dorf – was ist der Unterschied?

Wann ist ein Dorf eigentlich ein Dorf? Und wie groß muss ein Ort sein, um als Stadt zu gelten? Bevor wir gemeinsam tiefer ins wohlig warme Gefühl des Landlebens einsteigen, hier ein paar Definitionen:

- Eine Gemeinde gilt als Großstadt, wenn sie mehr als 100 000 Einwohner hat.

- Wohnen in einer Stadt zwischen 20 000 und 100 000 Menschen, spricht man von einer Mittelstadt.

- Mindestens 5000 Menschen muss ein Ort haben, um als Kleinstadt zu gelten. Die Obergrenze liegt bei 20 000 Einwohnern.

- Von einem Dorf spricht man, wenn mindestens 400 Menschen an einem Ort wohnen. Alles darunter kann man als Weiler oder Siedlung verstehen.

Was das Landleben für dich bereithält:

Fernab von der Enge und dem Lärm der Stadt gibt es so viel zu entdecken. Wenn du zum Beispiel auf dem Dorfplatz spontan ins Plaudern gerätst, obwohl du doch eigentlich nur schnell deine Besorgungen erledigen wolltest. Oder die Bäckerin dir schon beim Reinkommen die Tüte mit deinen Lieblingsbrötchen über die Theke reicht – diese Nähe schafft Geborgenheit.

Kinder brauchen hier keine Erwachsenen, die mit ihnen zum Spielplatz gehen: Einfach raus, die Nachbarskinder abholen und los. Und du selbst kannst dich zum Beispiel einfach aufs Rad schwingen und dir den Wind um die Nase wehen lassen. Keine vollen Straßen und keine engen Fahrradwege! So fühlt sich Freiheit an!

Das Leben auf dem Land ist der bewusste Gegenentwurf eines Alltags, der immer hektischer zu werden scheint. Keine Anonymität, sondern Zusammengehörigkeitsgefühl und Vertrauen.

Doch was bedeuten Geborgenheit, Freiheit und Vertrauen eigentlich für unseren Alltag?

ZUM LEBEN BRAUCHT MAN
EIN ZIMMER VOLLER GEBORGENHEIT,
EIN FENSTER MIT BLICK AUF UNENDLICHKEIT,
EINEN SCHLÜSSEL FÜR FREIHEIT,
EIN BETT VOLLER WÄRME,
EINEN STUHL FÜR RUHE,
EINEN KOPF VOLLER SCHÖNER
ERINNERUNGEN UND EIN HERZ
VOLLER LIEBE.

Unbekannt

Geborgenheit

Vogelgezwitscher, das wie eine leise Melodie durch die Fenster dringt, und ein Haus, das einen schützend umschließt wie ein gemütlicher Kokon. Auf dem Land fühlen wir uns geborgen. Es macht uns glücklich.

2009 wählte das Goethe-Institut den wunderbar wärmenden Begriff »Geborgenheit« nach »Habseligkeiten« zum zweitschönsten Wort der deutschen Sprache. Das Wort leitet sich ab von Borg, der Burg – und das sagt eigentlich schon alles. Geborgenheit, das ist ein Gefühl, für das es drei Elemente braucht: Schutz, Wärme und Vertrautheit. Wenn man so will, ist die Geborgenheit das emotionale Dach über unseren Köpfen. Unter diesem Dach fühlen wir uns sicher. Und wenn wir uns selbstsicher fühlen, dann fällt uns das Leben leichter. Das alles finden wir in kleinen Gemeinden oft schneller als in der Stadt, wo jeder sein Leben lebt und selten nach denen schaut, die links und rechts von einem stehen.

Vertrauen

Zusammenleben geht nicht ohne Vertrauen. Denn ohne dieses Gefühl könnten wir unseren Alltag gar nicht bewältigen. Wir vertrauen schließlich täglich irgendwem: den anderen Verkehrsteilnehmern, dass sie die Signale beachten, dem Lehrer, dass er unseren Kindern das Richtige beibringt, und der Bäckerin, dass sie unsere Brötchen mit Sorgfalt fertigt. Und natürlich vertrauen wir auch uns selbst, dass wir dieses Leben meistern. Vertrauen gibt also Halt und Kraft, es sorgt für Sicherheit und Gemeinschaft.

Diese Gemeinschaft ist es, die uns trägt und das Fundament für das schafft, was wir in unserem Leben leisten können. Je stärker das Fundament, desto einfacher fällt es uns, im Alltag zu bestehen.

An einem Ort, an dem jeder jeden kennt und wir aufeinander achtgeben, findest du dieses Vertrauen und kannst Wurzeln schlagen. So tief, dass du nicht gleich umfällst, wenn das Leben einmal stürmischer wird. Und wenn doch, dann ist sicher jemand da, der dir wieder aufhilft.

NICHTS KANN
EINEN MENSCHEN MEHR STÄRKEN
ALS DAS VERTRAUEN,
DAS MAN IHM ENTGEGENBRINGT.

Adolf von Harnack

DIE FREIHEIT DES MENSCHEN
LIEGT NICHT DARIN,
DASS ER TUN KANN,
WAS ER WILL, SONDERN
DASS ER NICHT TUN MUSS,
WAS ER NICHT WILL.

Jean-Jacques Rousseau

Freiheit

Weite Reisen, Cafés, Bars und Kinos in großer Auswahl direkt in der Nachbarschaft: Für viele ist genau das der Inbegriff von Freiheit. Aber kann man dieses Gefühl nicht auch ganz anders interpretieren? Auf jeden Fall!

Das Landleben hilft dir, dem Druck des Höher-Schneller-Weiter zu entkommen. Endlich mal keine Hetze zu Terminen oder zum Einkaufen nach Feierabend. Und auch kein Stress, weil du es abends nur noch aufs Sofa schaffst und nicht mehr ins Theater oder zum Tanzen. Psychologen haben beobachtet, dass diese Angst, etwas Besonderes zu verpassen, in den vergangenen Jahren zugenommen hat, weil uns in unserem Alltag oft unzählige Möglichkeiten von dem präsentiert werden, was man unbedingt mal tun könnte oder sollte. Weil wir uns aber eigentlich immer nur auf eine Sache nach der anderen fokussieren können, kapitulieren wir irgendwann. Und dann? Sind wir mürrisch, weil wir glauben, die andere Wahl wäre möglicherweise viel besser gewesen. Das gilt für Brötchen genau wie für Freizeitaktivitäten. Ist die Auswahl kleiner, können wir uns eher entscheiden und fühlen uns deutlich zufriedener. Natürlich lässt sich die Freiheit auf dem Land auch ganz anders interpretieren: der weite Blick aus dem Fenster, die eigenen vier Wände, in denen du so laut sein darfst, wie du willst, und die langen Nächte an der Feuerschale im Garten. Das alles gibt dir das Gefühl, das echte Leben zu spüren und ganz ohne Ablenkung wieder zu dir selbst zu finden.

Von wegen Landflucht

Seit Jahren hält sich das Vorurteil, dass vor allem junge Menschen zunehmend in die Städte und Ballungsgebiete strömen und die Dörfer langsam immer leerer werden. Doch das stimmt so nicht: Seit einigen Jahren kehrt sich die Entwicklung nämlich um. Erstmals seit 20 Jahren verlieren die sieben größten deutschen Städte Einwohner, während Kleinstädte und Dörfer wieder größer werden. Vor allem Familien zieht es raus ins Grüne.

Für die Untersuchung »Ländliche Lebensverhältnisse im Wandel« dokumentieren Wissenschaftler seit 1952 das Leben in zehn deutschen Dörfern im Abstand von 20 Jahren. In diesen 68 Jahren ist viel passiert und unser aller Leben hat sich grundlegend geändert. Aber hat sich das auch auf die Einwohnerzahl und vor allem die Zufriedenheit der Bewohner ausgewirkt? Überraschenderweise nein! Egal, ob im Osten, Westen, Norden oder Süden, egal, ob jung oder alt – rund 90 Prozent der Befragten gaben über all die Jahre immer wieder an, mit der aktuellen Wohnsituation zufrieden zu sein.

Und was suchst du?

Was brauchst du, um glücklich zu sein? Um das herauszufinden, habe ich einen kleinen Fragebogen für dich vorbereitet:

1. Wie verbringst du deine Freizeit?
a) Draußen an der frischen Luft
b) Mit Freunden oder ich schaue, was so in der Umgebung anliegt

2. Welches Fortbewegungsmittel benutzt du in deinem Alltag am liebsten?
a) Das Fahrrad oder meine beiden Beine
b) Ich liebe mein Auto

3. Was hältst du von Tieren?
a) Am liebsten hätte ich meinen eigenen kleinen Zoo im Garten
b) Ein Haustier wäre schon nett

4. Was möchtest du sehen, wenn du aus dem Fenster schaust?
a) Wald, Wiesen, Felder
b) Meinen Garten und den netten Nachbarn, der mir zuwinkt

Auflösung:
Du hast dich überwiegend für Antwort A entschieden? Du gehörst eindeutig ins Dorf. Am besten in ein Haus mit ganz viel Platz um dich herum. Oder war B die Antwort deiner Wahl? Dann wirst du sicher in einer Kleinstadt dein Glück finden – mit gutem Kontakt zu den Nachbarn.

Heimat ist
kein Ort, sondern
ein Gefühl.

Unbekannt

Hallo,
ich bin
die Neue

An dieser Stelle ist es Zeit, dir einen kleinen Schwank aus meiner eigenen Erfahrungswelt zu erzählen. Ich bin nämlich selbst vor ein paar Jahren von einer Großstadt zwar nicht aufs Dorf, aber in eine ziemlich überschaubare Kleinstadt gezogen.

Die Gründe dafür waren vielfältig, aber auch ich spürte nach einem ganzen Leben in pulsierenden Metropolen tief in mir den Wunsch, meine Tage anders strukturieren zu können – ruhiger, entspannter, natürlicher ...

Nun ja, was soll ich sagen? Diese Umstellung ist mir zuerst alles andere als leichtgefallen. Ich habe mich nur schwer in diesen neuen Rhythmus eingewöhnen können. Mir fehlten die kleinen Cafés an jeder Ecke, die Fahrradfahrt morgens ins Büro und der schnelle Weg zu meinen Freunden. Überhaupt: meine Freunde!

Sich aktiv für einen neuen Lebensabschnitt zu entscheiden, bedeutet auch immer, dem alten Leben ein Stück weit den Rücken zu kehren. Ich möchte, dass du weißt, dass es normal ist, in einem schönen Haus mit Garten zu sitzen und sich voller Heimweh nach seiner kleinen, engen Wohnung zu sehnen. Oder dass einem all die Freiheit und Weite auch mal zu groß vorkommen kann.

Ich habe versucht, diese Gefühle ganz aktiv in etwas Positives umzu-wandeln, indem ich zum Beispiel auf Entdeckungstour gegangen bin. Wenn du umziehst (egal, ob aufs Land oder nur in einen anderen Stadt-teil), weißt du schließlich oft gar nicht, wo du das finden kannst, was dir fehlt. Also habe ich mich einfach treiben lassen über Feldwege und durch kleine Straßen. Und weißt du, was? Dabei habe ich zum Beispiel einen winzigen Hofladen gefunden, dessen Inhaberin den besten Kaffee der Welt macht. Jetzt sitze ich regelmäßig dort, rede mit ihr über dies und das und weiß gar nicht, wie ich früher ohne dieses Ritual ausgekommen bin.

Überhaupt, das Reden: Mir fällt es eigentlich schrecklich schwer, frem-de Menschen anzusprechen. Doch egal, ob Dorf, Kleinstadt oder Vier-tel – man begegnet so oft denselben Menschen. Was spricht gegen ein freundliches Hallo?

Nichts, oder? Denn je mehr du dich dem Neuen und Ungewissen öffnest, desto näher lässt du es an dich heran. Und desto schneller wirst du dich zu Hause fühlen. Bei mir hat all das auf jeden Fall sehr geholfen.

Lasst uns feiern!

Übrigens, am einfachsten lernst du neue Menschen in deiner Umgebung kennen (und sie dich natürlich auch), wenn du ein Fest in deinem neuen Zuhause veranstaltest. Ich kann dir aus eigener Erfahrung sagen: Es gibt keinen Weg, schneller das Eis zu brechen, als gemeinsam zu lachen, am bunt zusammengestellten Büfett zu stehen und vielleicht sogar ein bisschen zu tanzen.

Am schönsten ist es natürlich, wenn du jeden persönlich einlädst. Falls du dafür aber zu schüchtern sein solltest, ist das auch kein Problem. Ich habe einfach eine nette Karte gestaltet und bei meinen Nachbarn in die Briefkästen gesteckt, weil mir der Gedanke, einfach so zu klingeln, einen eiskalten Schauer über den Rücken hat laufen lassen. Damit es persönlicher wird, habe ich meine Nummer dazugeschrieben und um Rückmeldung gebeten. Es kamen fast nur nette Zusagen. Ein schönes Gefühl!

Den meisten Menschen geht es nämlich genau wie dir: Sie lernen gerne neue Leute kennen, trauen sich aber nicht immer, frei auf andere zuzugehen. Mit einer Einladung zu einem Fest nimmst du ihnen diesen Schritt ab. Allein das weckt Sympathie.

So wird's ein rauschendes Fest:

- Ist der Grill sauber? Was zuerst nach einer banalen Frage klingt, wird tatsächlich bei den meisten Vorbereitungen vergessen. Am besten riskierst du schon am Tag vorher einen kleinen Blick, um genug Zeit zum Schrubben zu haben.

- Wer bringt was mit? Partys, bei denen jeder etwas zum Büfett beisteuert, sind meistens die geselligsten. Frage deine Gäste, wer was mitbringen will, und notiere alles zum Überblick.

- Frage nach Essgewohnheiten: Vor allem, wenn du etwas auf den Grill werfen möchtest, erkundige dich vorher, ob alle Fleisch essen, und kümmere dich ansonsten um vegetarische oder vegane Alternativen.

- Atmosphäre ist alles: Lampions, Kerzen und Fackeln sorgen vor allem am Abend für eine schöne Atmosphäre. Mit Strohballen als Sitzgelegenheit und Wimpelketten wird's gemütlich.

- Kühle Getränke: Wenn viele Menschen kommen, reicht dein Kühlschrank vielleicht nicht mehr aus. Besorge also ausreichend Kühlmöglichkeiten und stelle alle Getränke etwa zwei Stunden, bevor die Party startet, kalt.

Limette-Minz-Limo

Schmeckt superfrisch und ist so einfach selbst zu machen, dass du nie wieder abgefüllte Limonade kaufen möchtest.

DU BRAUCHST:

250 ml Wasser, 20 g Zucker, Saft von 5 Bio-Limetten, Saft einer Bio-Zitrone, eine Handvoll Minzblätter

SO GEHT'S:

100 ml Wasser mit Zucker und Minzblättern in einem kleinen Topf auf mittlerer Stufe unter Rühren erhitzen, bis sich der Zucker aufgelöst hat. Kurz köcheln und danach auskühlen lassen.

Minzblätter aus dem entstandenen Sirup nehmen. Sirup, restliches Wasser, Limetten- und Zitronensaft verrühren und mindestens eine Stunde in den Kühlschrank stellen. Vor dem Servieren noch mal kräftig umrühren, Eiswürfel, frische Minzblätter und Limettenscheiben dazu, fertig!

SELBST GEMACHT

Licht aus der Dose

Leere Konservendosen nicht wegschmeißen! Du kannst noch Windlichter für deine nächste Party daraus machen.

DU BRAUCHST:

Leere Konservendosen, Nagel, Hammer, Farbspray, Teelichter

SO GEHT'S:

Zuerst die Etiketten entfernen. Wenn noch etwas Klebereste an der Dose bleiben, kannst du sie mit Spülmittel und Speiseöl lösen. Danach die Dose auf ein Handtuch legen und mit Hammer und dickem Nagel Löcher einschlagen. Wenn du magst, kannst du auch ein Muster (zum Beispiel Blumen oder Sterne) vorzeichnen. Danach mit einem Farbspray deiner Wahl besprühen, Teelicht einsetzen, fertig!

Ein Haus wird gebaut,
aber ein Zuhause wird
geformt.

Hazrat Inayat Khan

Geborgenheit spüren

Weißt du, was für ein warmes Zuhause-Gefühl mindestens genauso wichtig ist wie der gute Kontakt zu deinen Nachbarn? Genau: deine eigenen vier Wände! Gerade, wenn du nicht eben mal aufs Land ziehen kannst und selbst ein Schrebergarten in unerreichbarer Ferne liegt, kannst du dir mit der richtigen Einrichtung deinen Wunschwohnort einfach zu dir holen.

Noch bevor ich in meinem neuen Zuhause alle Kisten ausgepackt hatte, habe ich mir zum Beispiel eine Ruhezone geschaffen. So eine richtige Kuschelecke. Dafür habe ich mir das Fenster mit dem schönsten Ausblick (auf einen alten, knorrigen Quittenbaum, umgeben von einem Meer aus Margeriten) ausgesucht und meinen Lieblingssessel genau davorgestellt. Noch eine schöne Lampe mit warmweißem Licht dazu und es war perfekt. Mit Vorhängen, Kissen, Decken, Kerzen und Teppichen wurde es dann schnell noch viel gemütlicher.

Zuerst wollte ich die Wände weiß lassen, habe dann aber schnell gemerkt, dass ich mehr Farbe in meinem Leben brauche: Beige, Taupe,

Braun, Gelb sowie Ockertöne strahlen Gemütlichkeit und Ruhe aus. Bei mir im Haus sind fast all diese Farben vertreten: als Kissen, Vasen, versteckt in Postern und mal als ganze Wand.

Ähnlich positiv wirken sich übrigens auch Pflanzen und natürliche Materialien auf unser Wohlbefinden aus. Ich habe mir deshalb angewöhnt, von fast jedem Spaziergang etwas mitzubringen: geschwungene Äste, Steine mit ungewöhnlicher Struktur, Blumen und Blätter. Am liebsten habe ich Tannenzapfen. Manchmal finde ich einen, den ein Eichhörnchen bereits abgeknabbert hat. Der bekommt dann einen Ehrenplatz.

Ich finde diese Dinge als Deko viel schöner als irgendwelche künstlich geformten Gegenstände, weil sie mir eine Geschichte erzählen. Außerdem fühle ich mich so immer im Kontakt mit der Natur, auch wenn es auf den ersten Blick nur Kleinigkeiten sein mögen. Überall im Raum verteilt, können sie ganz Großes bewirken.

Lass die Natur bei dir einziehen

Egal, ob du spazieren gehst oder dich einfach nur in deinem Garten aufhältst, du wirst überall kleine Dinge finden, die sich wunderbar als Deko in deinem Zuhause eignen. Das Beste daran: Je einfacher deine Materialien sind, desto schöner wird oft das Ergebnis.

TÜRKRANZ AUS GETROCKNETEM GRAS

Dieses Projekt ist so einfach und doch so schön. Wenn du es draußen in der Sonne zum Trocknen aufhängst, erhältst du eine warme, leicht verblasste Farbe.

DU BRAUCHST:

Lange Gräser und Blumenstängel, dünnen Metalldraht (Blumendraht)

SO GEHT'S:

Pflücke in deinem Garten oder beim nächsten Spaziergang möglichst lange Gräser und Stängel. Auch Kornähren sehen toll aus! Wickle die frischen Stängel um einen dünnen Metalldraht und forme einen Kranz daraus. Den fertigen Kranz kannst du an der frischen Luft trocknen und danach die zart nach Heu duftende Deko an eine Wand oder Tür hängen.

Frischer Blumenvorhang

Diese besondere Blumendeko ist nicht nur frisch, sondern auch getrocknet ein echter Hingucker.

DU BRAUCHST:
Frische Blumen, Schere, Schnur, Ast oder Stange

SELBST GEMACHT

SO GEHT'S:
Schneide die Stängel der Blumen auf eine Länge von etwa 2,5–5 cm. Umwickle danach jeden einzelnen Blütenstiel mit einem Stück Bindfaden. Jetzt bindest du mehrere Bindfäden in der von dir gewünschten Länge (zum Beispiel zwischen 30 und 80 cm) um den Ast oder die Stange. Daran wirst du deinen Blumenvorhang später an der Wand, im Türrahmen oder in einem Fenster befestigen. Aber davor bindest du noch schnell die einzelnen Blumen mit ihren Bindfäden an die langen Schnüre.

Einfachheit
ist die höchste Stufe
der Vollendung.

Leonardo da Vinci

Nachahmen empfohlen

Um zu verstehen, wie glücklich das Landleben machen kann, lohnt es sich, einmal zu unseren skandinavischen Nachbarn hinüberzuschauen. Dänemark und Norwegen belegen beim Ranking um die glücklichsten Bewohner Platz 1 und 2. Und weißt du, was? In beiden Ländern gibt es nur wenige Großstädte, dafür umso mehr Dörfer und Kleinstädte. Du findest dichte Wälder, riesige Seen und weite Küsten. Und das Leben spielt sich trotz des wechselhaften Wetters viel draußen ab.

Die Norweger haben für dieses naturnahe Leben sogar einen Begriff: »Friluftsliv«, was grob übersetzt so viel wie Freiluftleben bedeutet, zelebriert das Leben unter freiem Himmel und die tiefen, positiven Gefühle, die es in einem freisetzen kann, wie Glück, Liebe, Freiheit, Freude und Kraft – ganz egal, ob Sommer oder Winter, Tag oder Nacht, Regen oder Sonne, Matsch oder Schnee. Es geht darum, der Natur zuzuhören und sich ihrem beruhigenden Rhythmus anzupassen.

Das Leben spüren

Probiere es doch selbst einmal aus, wie zufrieden du sein kannst, wenn du all die täglichen Ablenkungen weglässt und dich ganz auf die einfachen Dinge um dich herum einlässt:

Einfachheit bedeutet, das Hier und Jetzt mit allen Sinnen zu genießen, ohne Ablenkung durch künstliche Reize. Halte kurz inne, um den Duft des Bodens wahrzunehmen, während du neue Blumen einpflanzt. Oder beobachte, wie am frühen Morgen der Tau von den Blättern perlt und Vögel und Insekten sich daran laben.

Einfachheit bedeutet, achtsam mit deiner Umwelt umzugehen, sie zu bewahren und über deinen Konsum nachzudenken. Es geht darum, darauf zu achten, was du isst, lokal einzukaufen und vielleicht dein eigenes Gemüse und Obst anzubauen.

Einfachheit bedeutet, die Gedanken wandern zu lassen. Es bedeutet, ruhig zu sein, sich in der Stille wohlzufühlen und nicht das Bedürfnis zu haben, reden zu müssen. Es schafft eine Lücke, um unsere Gedanken zu beruhigen und unseren Geist zu entleeren. Gönne dir jeden Tag nur ein paar Momente der Stille und ein paar tiefe Atemzüge, um Spannungen in deinem Körper und deinem Geist zu lösen.

DIE NATUR KANN VON KEINEM
BELEHRT WERDEN. SIE WEISS
IMMER DAS RICHTIGE.

Hippokrates

Natur macht gesund

Wenn du Stress abschütteln möchtest, solltest du dich unbedingt mehr in der Natur aufhalten. Laut Studien reichen schon zwei Stunden pro Woche aus, um Depressionen und Angstzustände zu lindern, den Blutdruck zu senken und das Risiko anderer Krankheiten zu reduzieren. Den Höhepunkt dieses positiven Effekts auf Körper und Geist erreichen Menschen nach 200 bis 300 Gesamtminuten, also nach maximal fünf Stunden in der Natur. Was wäre also, wenn du dich für dieses Naturerlebnis erst gar nicht anstrengen müsstest, sondern einfach nur einen Fuß vor die Tür setzen und mitten in der Natur sein könntest? Eine großartige Vorstellung, oder?

Ich möchte
singen wie ein Vogel
und mich nicht darum
kümmern, wer mich hört
und was sie denken.

Rumi

Vom Glück, den Vögeln zu lauschen

Draußen vor deiner Haustür gibt es einen Schatz. Wenn du nur einen Moment hinhörst, entdeckst du ihn sofort: In Bäumen, auf Wiesen und auf Dachfirsten trillert, pfeift und singt es. Lass dich auf die Melodie der Vögel ein und spüre, wie deine Sinne mit jeder Beobachtung schärfer werden – und du selbst achtsamer und glücklicher.

Der Zaunkönig lebt im Dickicht von Wäldern, Gärten und Parks. Wegen seiner Größe von nur 12 cm und seinem braunen Gefieder ist er nicht immer so leicht zu entdecken. Aber seine Stimme ist einzigartig! Ein Männchen erreicht mit seinem schmetternden und trillernden Gesang eine Lautstärke von 90 Dezibel und ist bis zu 500 m weit zu hören.

Der Buchfink sucht sich im Wald oder Garten gerne einen hohen Platz aus, um bis zu 100-mal pro Stunde seinen unverwechselbaren Finkenschlag anzustimmen. Er singt ganz klar und endet gerne auf einen kleinen Schnörkel. Wenn es ab Ende Februar laut wird im Garten, dann könnte er der Grund dafür sein.

Die Goldammer singt anders, je nachdem, in welcher Region oder welchem Land du ihr gerade zuhörst: In Mitteleuropa bleiben ihre Endsilben auf der gleichen Tonhöhe wie der Gesang davor, in Dänemark und der Schweiz fallen sie sirenenartig ab und in Südosteuropa steigen sie leicht an. Ein wahres Sprachtalent!

Die Lerche und ihren Gesang kennt jeder, der Romeo und Julia kennt – zumindest in der Theorie. Hast du dich auch schon immer gefragt, wie Julia den Unterschied zur Nachtigall rausgehört hat? Singt ein Männchen, klingt das, als käme die Melodie direkt aus dem Himmel. Zwei bis fünf Minuten trillern, zirpen und rollen sie aus der Luft, während sie ihr Revier überfliegen.

Die Nachtigall hat nicht nur Shakespeare, sondern auch Komponisten wie Chopin und Beethoven inspiriert. Besonders typisch sind ihre langen, gedehnten Pfeiftöne, die immer länger und lauter werden.

Was wächst denn da am Wegesrand?

Die Natur kann dein allgemeines Wohlbefinden nicht nur psychisch beeinflussen. Überall wachsen Kräuter und Blumen, die dir auch aktiv beim Gesundbleiben helfen können. Du brauchst gar nicht lange nach ihnen zu suchen, viele dieser Heilpflanzen wachsen nämlich in unseren eigenen Gärten oder neben den Wegen, die wir täglich gehen. Wir sehen sie nur nicht, weil wir denken, dass es sich dabei um Unkraut handelt.

UND UM DIESE PFLÄNZCHEN GEHT'S:

Giersch: Er wuchert in vielen Beeten und wird verflucht wie kaum eine andere Pflanze. Dabei enthält er zum Beispiel bis zu dreizehnmal mehr Mineralstoffe und doppelt so viel Eiweiß wie der wirklich vitalstoffreiche Grünkohl. Am einfachsten lässt er sich zu Pesto verarbeiten.

Löwenzahn: Die jungen, hellgrünen Blätter sind reich an Vitamin C und Eiweiß und schmecken prima als Salat. Aus den Blüten lässt sich herrlich Sirup oder Gelee herstellen.

Brennnessel: Die Brennnessel ist unter anderem vollgepackt mit Vitamin C, Provitamin A, Eiweiß, Eisen, Kalzium und Phosphor. Sie ist ein echtes heimisches Superfood und schmeckt als Tee oder Suppe.

Weißer Gänsefuß: Wegen seines hohen Mineralstoff- und Vitamingehalts wird er in Indien und China kultiviert und als Gemüse angebaut. Er lässt sich ganz simpel wie Spinat zubereiten.

Knopfkraut: Von allen Kräutern in unseren Breitengraden verfügt das Knopfkraut über den höchsten Eisengehalt und liefert außerdem viel Kalzium, Magnesium, Mangan, Vitamin C und Vitamin A. Du kannst es zum Beispiel als Salat, im Smoothie, in Suppen oder als Gewürz nutzen.

WENN DIE MENSCHEN
DAS UNKRAUT NICHT NUR AUSREISSEN,
SONDERN EINFACH AUFESSEN WÜRDEN,
WÄREN SIE ES NICHT NUR LOS,
SONDERN WÜRDEN AUCH NOCH GESUND.

Johann Künzle

Weg mit dem Handy!

Kommt es dir auch manchmal so vor, als hätten wir alle Angst vor der Natur bekommen und ganz vergessen, wie sie uns als Kinder zum Staunen gebracht hat, als wir dem Flug einer Hummel durch den Garten gefolgt sind oder stundenlang dem Rauschen der Blätter in Bäumen zugehört haben? Doch anstatt uns umzusehen und die Welt um uns herum zu entdecken, starren wir in jeder freien Sekunde aufs Handy. Also, ich ertappe mich leider regelmäßig dabei. Wie sieht es bei dir aus?

Hast du in letzter Zeit mal darüber nachgedacht, wie schön es sich anfühlen könnte, wieder eine tiefere Verbindung zur Natur herzustellen, Ruhe und Freude zu finden und dadurch ein neues Vertrauen in das Leben aufzubauen? Klingt gut, oder?

Am besten, du gehst direkt einmal raus in den Garten, auf den Balkon oder in den nächsten Park. Nimm einen tiefen Atemzug und rieche das frische Gras. Oder blicke hinauf in den Himmel und beobachte die Wolken, wie sie vorbeiziehen. All diese Dinge werden deine Laune heben und du wirst dich automatisch glücklicher und mit der Welt um dich herum tiefer verbunden fühlen.

Manchmal muss
man sich verlaufen,
um etwas zu finden.

Unbekannt

Was du auf dem Land unbedingt tun solltest:

DEINE UMGEBUNG BEI NACHT ERKUNDEN

Wie wäre es mit einer Nachtwanderung, um die Schätze deiner Umgebung zu entdecken, die nur im Dunkeln zu sehen sind wie zum Beispiel nachtaktive Tiere? Das Schöne daran: Wenn du dich allein nicht wohlfühlst, kannst du deinen Partner, Freunde, deine ganze Familie mitnehmen. Das gemeinsame Erlebnis wird eure Liebe zur Natur noch weiter wachsen lassen.

FRÜH AUFSTEHEN

Stelle dir den Wecker mal besonders früh und mache ein Sonnenaufgangsfrühstück an der frischen Luft. Diese magische Stimmung, wenn um dich herum noch alles ruht und schläft, du aber schon mit einem heißen Kaffee oder Tee in deinem Garten oder auf deinem Balkon sitzt und die ersten zarten Sonnenstrahlen des Tages einfängst – dieses Gefühl solltest du unbedingt einmal erleben.

FOTOS VON DEINER UMGEBUNG MACHEN

Mache einen Entdeckungsspaziergang ganz ohne Plan. Traue dich ruhig, die bekannten Wege zu verlassen. Nimm einfach den schönsten Weg, laufe drauflos und vertraue deiner Intuition. Sie wird dich zu neuen, schönen Orten führen, die dich mit deinem Wohnort noch vertrauter machen. Halte all deine besonderen Entdeckungen mit Fotos fest.

Du kannst damit später dein Zuhause dekorieren oder ein Fotobuch basteln als Erinnerung für dich oder als Geschenk für gute Freunde.

DICH VERLAUFEN

Umwege erweitern die Ortskenntnis. Egal, ob du zum Supermarkt gehst, zu deiner Arbeit oder deinen Hund spazieren führst – wahrscheinlich kommst du dabei immer an denselben Häusern vorbei, überquerst die Straße an genau derselben Stelle, ohne deine Umwelt dabei noch richtig wahrzunehmen. Versuche es doch mal mit einem Umweg und entdecke dabei neue Dinge – Häuser, Gärten, Blumen. Öffne deine Augen für das Neue, das du noch nicht gesehen hast. Die Welt, die dir am nächsten ist, hält so unendlich viele Überraschungen für dich bereit. Genieße sie!

Sterne gucken

Wenn du in der Stadt abends hochschaust, siehst du kaum noch einen sternenübersäten Himmel. Aber die Himmelskörper haben sich nicht etwa versteckt. Lichtverschmutzung lässt eine stockdunkle Nacht selten werden. Nicht aber auf dem Land. Diese drei Sternbilder könntest du außerhalb großer Ansiedlungen beim Blick in den Nachthimmel entdecken:

1. DER KLEINE BÄR wird auch oft als kleiner Wagen bezeichnet. Der hellste Stern des Sternbildes ist der Polarstern. Hast du den leuchtenden Punkt am Firmament erst entdeckt, wird auch der kleine Bär ganz schnell sichtbar.

2. DER GROSSE BÄR oder große Wagen ist das ganze Jahr über am Himmel zu finden. Innerhalb eines Tages dreht sich der große Wagen einmal um den Polarstern: Wenn du abends oder nachts zu verschiedenen Uhrzeiten in den Himmel schaust, wird er immer eine andere Stellung eingenommen haben.

3. KASSIOPEIA findest du am Rande der Milchstraße. Die Hauptsterne dieses Sternbildes bilden ein großes W am Himmel, weshalb es auch oft als Himmels-W bezeichnet wird. Orientierungstipp: Die mittlere Zacke der Kassiopeia zeigt auf den Nordpolarstern.

Liebe Sternschnuppe,

dich zu sehen, ist immer etwas Besonderes. Hell glühend ziehst du am Nachthimmel vorbei, als hätte die Natur ein kleines Überraschungsfeuerwerk vorbereitet. Jetzt bloß nicht blinzeln, damit wir dich nicht verpassen!

Und so halten wir kurz die Luft an, wenn wir dich sehen, recken die Arme in den Himmel, staunen und träumen. Davon, dass unser Wunsch, an den wir gerade gedacht haben, wirklich in Erfüllung gehen kann. Ja, es ist eigentlich nur ein Aberglaube, aber was macht das schon? Ist es nicht schön, an etwas zu glauben, das einen glücklich macht? Erst recht, wenn es so schön funkelt wie du?

PERFEKT IST, WENN DU IN DEN HIMMEL
SCHAUST, EINE STERNSCHNUPPE SIEHST UND
DIR NICHTS WÜNSCHEN KANNST, WEIL DU
SO GLÜCKLICH BIST.

Unbekannt

Farbenpracht überall

Egal, ob im eigenen Garten, im nahe gelegenen Park oder auf den Feldern und in den Wäldern um die Ecke – die Natur sprüht nur so vor Farbenpracht. Gut so! Denn Farben haben einen großen Einfluss auf unser Wohlbefinden. Sie können dich beruhigen, dir Energie geben und sogar deinen Schlaf beeinflussen. Du kannst die bunten Blumen, Sträucher, Insekten und Vögel um dich herum aber auch einfach nur ansehen und genießen.

GRÜN ist die Farbe von Mutter Natur. Sie steht für Balance, Harmonie, Frieden, Wohlbefinden und Wachstum. Je mehr Grün uns umgibt, desto ruhiger und entspannter werden wir. Ein paar Zimmerpflanzen oder frische Schnittblumen wirken wahre Wunder. Na, und ein Garten erst! Der ist eine wahre Oase der Entspannung.

BLAU steht für Gesundheit und Träume. Es erfrischt uns, kühlt den Geist und beruhigt. All das spüren wir, wenn wir an einem klaren Tag in den Himmel blicken.

ROT verkörpert Vitalität und Selbstbewusstsein. Diese Farbe kann sogar unser Herz schneller schlagen lassen und unseren Kreislauf in Wallung bringen. Kein Wunder, dass die meisten von uns den Verlockungen von Erdbeeren oder Johannisbeeren nicht widerstehen können.

ORANGE ist die Farbe der Freude, der Zuversicht und der Weisheit. Es hilft uns dabei, Sorgen loszuwerden und positiv in die Zukunft zu blicken – so wie der warme Schein eines Sonnenuntergangs oder das bunte Laub im Herbst.

GELB weckt unsere Kreativität und unsere Freude am Leben. Gleichzeitig ist es die Farbe der Klarheit und Neugier und eine wunderbare SOS-Hilfe gegen schlechte Laune. Oder hast du schon jemals jemanden missmutig neben einer Sonnenblume stehen sehen?

WEISS ist das Symbol perfekter Harmonie und Balance. Diese Farbe kann selbst an anstrengenden Tagen die Lebensgeister in uns wiedererwecken – so wie fluffige Wolken, der erste Frost oder schneebedeckte Straßen und Sträucher.

Die Natur malt für uns,
Tag für Tag, Bilder von
unendlicher Schönheit.

John Ruskin

Blick in den Himmel

Das Leben wäre so langweilig, wenn uns jeder Tag nur klaren, blauen Himmel und Sonnenschein bescheren würde. Die Erde ist schließlich ein üppiger, blaugrüner Planet und alles hängt vom Wasser ab. Ohne Wasser wäre die Erde wolkenlos, es würde keinen Regen geben, keine Pflanzen, kein Meer, keine Flüsse und kein Leben. Es gibt also gar keinen Grund, sich über Regen zu ärgern, vielmehr sollten wir ihn feiern!

Genauso wie die Wolken, die ihn bringen. Sie sind so etwas wie die Zaubershow des Himmels. Sie sind ständig in Bewegung, verändern ihre Form und manchmal sogar ihre Farbe. Sie erzählen uns Geschichten darüber, wo sie herkommen und wo sie hinziehen werden.

Was dir die Wolken verraten

Egal, ob düster und schwer oder leicht und fluffig – der Blick in die Wolken erfüllt mit Ehrfurcht und verrät dir viel über den Verlauf des Wetters. Fast jede Wolkenform hat ihre eigene Bedeutung. Diese Formationen lassen sich am häufigsten beobachten:

KUMULUSWOLKEN werden im Wetterbericht auch gerne Quellwolken genannt. Im Grunde sind es dieses schönen, fluffigen Zuckerwatte-Wolken, in denen wir als Kinder so gerne fantasievolle Formen und Figuren erkannt haben. Meist entstehen sie am späten Morgen, wogen tagsüber über den Himmel und lösen sich gegen Abend wieder auf. Regenschauer müssen wir von diesen Schönwetterwolken nicht befürchten.

STRATUSWOLKEN sind oft mit einem leichten, nebligen Nieselregen gefüllt. Sie hängen tief am Himmel als flache, merkwürdig stumpfe und leicht verträumte, gleichmäßige Schichten grauer Wolken, die dem Nebel ähneln, der am Horizont entlangwandert.

ZIRRUSWOLKEN sind dünne, weiße, federige, zarte Wolkenstränge aus Eiskristallen, die von starken Winden über den Himmel geschoben werden. Sie bilden sich meist bei schönem Wetter in über 6000 m Höhe. Aber Vorsicht: Wenn sie sich sammeln, kann das bedeuten, dass sich ein Sturm zusammenbraut.

NIMBUSWOLKEN sind die Vorboten eines klassischen Regentages. Groß und grauschwarz hängen sie als dichte, schwere Wolkendecke tief am Himmel. Sie tragen solch riesige Wassermengen in sich, dass sie sich gerne mit einem Starkregen entleeren. Die guckst du dir besser von drinnen an.

KUMULONIMBUSWOLKEN wachsen und wölben sich wie Blumenkohlblüten. Sie ragen hoch in den Himmel, ihr Boden ist dunkel, flach und dunstig und voller Wasser. Sie bringen Unwetter, Hagel, Donnerschlag, Blitzeinschläge, strömenden Regen und Stürme mit sich. Zieh die Gummistiefel an!

Tipp: Auf wolkenatlas.de werden die unzähligen Wolkenarten mit Bildern vorgestellt.

Es gibt kein schlechtes Wetter, nur unpassende Kleidung.

Alfred Wainwright

Warum du bei Regen rausgehen solltest

Zugegeben, bei Regen wird es zu Hause so richtig gemütlich. Da kannst du dich wunderbar aufs Sofa kuscheln, backen, puzzeln oder ein schönes Buch lesen. Eigentlich gibt es nicht wirklich einen guten Grund, rauszugehen. Obwohl, manchmal lohnt es sich vielleicht doch!

1. ES RIECHT SO GUT

Studenten der Universität in Massachusetts haben herausgefunden, dass der Aufprall eines Regentropfens so viele Duft- und Schwebstoffe vom Untergrund löst, dass du selbst bekannte Dinge wie die Blumen in deinem Garten, das Holz der Terrasse oder den Asphalt auf der Straße intensiver riechen kannst. So kannst du vertraute Orte mit völlig neuen Sinnen wahrnehmen.

2. DIE WELT GEHÖRT DIR

Bei schlechtem Wetter verirrt sich kaum jemand nach draußen. Für einen Moment gehört die Welt dir ganz allein. Belebte Orte sehen dann plötzlich ganz anders aus und dein Blick auf die Umgebung verändert sich. Diese schöne Form der Einsamkeit sorgt für ganz besondere Gänsehautmomente.

3. DU KANNST WIEDER KIND SEIN

Wann bist du das letzte Mal in eine Pfütze gesprungen oder hast ausgelassen im warmen Sommerregen getanzt? Oft sind wir so in unserem Alltagstrott gefangen, dass wir verlernt haben loszulassen. Wenn der Regen die Straßen leergefegt hat, ist es Zeit, deinen Gefühlen freien Lauf zu lassen – ohne Scham und ohne Kontrolle. Spüre die Tropfen auf deiner Haut und die Lebendigkeit des Wassers. Spiele und fühle dich frei – so wie früher als Kind.

4. ÜBERALL HERRSCHT STILLE

Sobald graue Wolken am Himmel aufziehen, verändert sich die Stimmung in der Natur komplett – Nebelschwaden hüllen Wiesen und Felder in einen mystischen Mantel, der die Geräusche des Alltags zu verschlucken scheint. Lass dich von der Magie des Wetters mitreißen und verweile ganz im Moment.

5. DIE TIERE TRAUEN SICH NACH DRAUSSEN

Auch die Tiere spüren diese besondere Ruhe und trauen sich jetzt aus ihren Verstecken. Bei einem Regenspaziergang durch den Wald und über Felder hast du besonders große Chancen, dass ein Reh deinen Weg kreuzt.

Kräht der Hahn auf dem Mist, bleibt das Wetter, wie's ist.

Bauernregel

Tierische Wetterboten

So wie Wolken oft nichts Gutes verheißen, gibt es viele kleine Tiere, die dir von nahendem Sonnenschein und milden Brisen erzählen. Wenn du ihre Sprache kennst, kannst du ihre Botschaften problemlos verstehen und kommst ganz ohne Wetter-App aus.

LAUBFRÖSCHE orientieren sich am Flugplan von Mücken und Fliegen. Da diese an sonnigen Tagen am liebsten auf höher gelegenen Blättern und Büschen sitzen, begeben sich auch die Amphibien auf Klettertour. An der Kletterfreudigkeit der Laubfrösche kann man das Wetter also zumindest ein bisschen vorhersehen. Es gibt ihn wirklich, den Wetterfrosch!

SCHMETTERLINGE suchen oft schon Stunden vor einem Regenschauer einen trockenen Unterschlupf, wo sie mit zusammengefalteten Flügeln ausharren, bis die Regenfront vorüber ist. Der Grund: Durch Regentropfen und starken Wind können die Flügel der Falter verkleben und sie zu Boden drücken. Dann lieber verstecken und abwarten.

SCHNECKEN sind bei Gartenbesitzern nicht gerade beliebt. Wer schon einmal versucht hat, bunte Stauden oder Salat anzupflanzen, weiß, wovon ich spreche. Aber so viel die glibberigen Zeitgenossen auch futtern können, so zuverlässig sagen sie verstehen und heiße Tage voraus. Ist von den schleimigen Tierchen nämlich im Garten weit und breit nichts zu sehen, bedeutet das, dass es warm wird und die Schnecken sich in kühlere und feuchtere Gefilde zurückgezogen haben. Weit weg von deinen Pflanzen. Juchu!

BIENEN mögen es trocken und mild. Schwirren sie schon morgens fleißig hin und her, kann man auf ein paar sonnige Stunden hoffen.

KATZEN sind wasserscheue Wesen und suchen schon vor einem Schauer Schutz im Haus. Gut, das sind keine großen Neuigkeiten. Aber wusstest du auch, dass sie vor einem Gewitter die elektrische Ladung spüren können, die in der Luft liegt? Sie lecken sich dann verstärkt das Fell.

Lebe jede Jahreszeit,
wie sie kommt!
Atme die Luft, trinke,
schmecke die Früchte
und spüre den Einfluss
der Erde.

Henry David Thoreau

Im Einklang mit den Jahreszeiten

Zwischen Blumen und Wiesen, Wäldern und Seen spürst du die Eigenheiten der Jahreszeiten oft viel intensiver als in der Stadt, wo Häuserschluchten den Wind ablenken und der erste Schnee oft schon schmilzt, bevor er den Boden berührt.

Je bewusster du die Jahreszeiten erlebst, desto mehr spürst du die einzelnen Besonderheiten und die Vorteile, die Frühling, Sommer, Herbst und ja, sogar der Winter mit sich bringen. Du musst nur bereit sein, dich auf die Veränderungen einzulassen und sie zu umarmen wie einen guten Freund. Nichts bleibt gleich, alles ist Veränderung und das ist gut so.

Frühling

Der Frühling bringt Freude, eine gewisse Aufregung und sehr viel neuen Optimismus mit sich. Die Natur erwacht, zarte Knospen ragen aus dem Boden und an den Bäumen zeigen sich erste, zarte Blätter. Frühling ist die Zeit des Neuanfangs.

Überall blühen jetzt weiche Weidenkätzchen, Schneeglöckchen, Primeln, Narzissen, Bärlauch, wilde Anemonen und Weißdorn.

Aus den Bäumen tönt eine Kakofonie von Vogelgezwitscher. Und wenn man Glück hat, kann man Vögel bei ihren Paarungsbräuchen beobachten. Was, nebenbei bemerkt, übrigens viel spannender ist als die meisten Serien auf Netflix. Wenn eine Amsel zum Beispiel ihr Nest in einem Blumenkasten auf deinem Balkon oder direkt neben deiner Haustür errichtet (ist mir dieses Frühjahr passiert!), ist das ein einzigartiges Erlebnis. Jeden Tag kannst du sehen, wie ihr Nest dichter wird und schließlich ein Ei nach dem anderen dazu kommt. Und wenn dann der Nachwuchs schlüpft, fieberst du jeden Tag mit, bis die kleinen, nackten Küken endlich groß und flügge werden.

Nutze also die wärmer werdenden Sonnenstrahlen, um viel mehr Zeit im Freien zu verbringen.

Wann fängt eigentlich der Frühling an?

Tja, das ist tatsächlich gar nicht so eindeutig zu beantworten. Wir unterscheiden nämlich zwischen dem meteorologischen und dem kalendarischen (oder astronomischen) Frühlingsanfang. Zwischen diesen beiden Frühlingsanfängen liegen mehrere Wochen.

Der Grund dafür ist ganz einfach: Um leichter Statistiken und Vergleiche hinsichtlich Klimatabellen und Temperaturanalysen aufstellen zu können, bietet es sich für Meteorologen an, mit der Rechnung der Jahreszeiten immer am ersten eines Monats zu starten. Im Frühling ist dieser Tag IMMER der 1. März.

Anders verhält es sich mit dem astronomischen oder kalendarischen Frühlingsanfang, der – wie der Name bereits vermuten lässt – an Himmelsereignissen festgemacht wird. Er fällt immer auf die erste Tagnachtgleiche des Jahres, das sogenannte Primäräquinoktium. Zurzeit fällt dies auf den 20. März, es kann aber auch auf den 19. März fallen. Bis 2047 wird der Frühlingsanfang aber am 20. März gefeiert werden.

Was in der Natur jetzt passiert

Egal, ob meteorologisch oder kalendarisch – im Frühling erwacht die Welt zu neuem Leben. Und auch wir spüren diese Energie. Wir werden wieder aktiver, gehen raus, treffen unsere Nachbarn auf dem Markt oder direkt nebenan im Garten.

Es herrscht geschäftiges Treiben, nicht nur bei uns Menschen, sondern auch in den Bäumen, Sträuchern und auf den Wiesen.

Kaum sind die ersten Blumen ausgetrieben, warten sie auch schon darauf, bestäubt zu werden und locken Insekten mit ihren bunten Blüten und ihrem Duft an. Auch die Wälder werden grün und dicht, wenn Tausende Blätter an den Bäumen wachsen und diese erstrahlen lassen.

Neben den Vögeln kehren auch noch andere Tiere aus ihrer Winterpause zurück, zum Beispiel der Igel, der Marienkäfer und natürlich Bienen und Hummeln.

Und sie fliegt doch!

Apropos Hummel: Seit fast 100 Jahren hält sich der Irrglaube, dass eine Hummel nach den Gesetzen der Aerodynamik nicht fliegen könne. Allerdings handelt es sich bei der Aussage nur um einen alkoholgeschwängerten Scherz unter Studenten des renommierten Aerodynamikers Ludwig Prandtl an der Universität Göttingen. Angeblich soll damals ein Biologe einen der Aerodynamiker gefragt haben, warum eine Hummel fliegen könne. Daraufhin hat der Aerodynamiker kurz ein paar Berechnungen auf seinem Bierdeckel angestellt, um zu dem Schluss zu kommen, dass die Hummel eigentlich gar nicht fliegen könne, es aber dennoch tue, weil sie eben nichts von Aerodynamik verstünde.

Ob das nun wirklich lustig war, bleibt dahingestellt. Fakt ist jedoch, dass die Hummelflügel und ihre Bewegungen so beschaffen sind, dass sie spezielle Wirbel erzeugen, die für zusätzlichen Auftrieb sorgen. Hummeln folgen also sehr wohl den Gesetzen der Aerodynamik!

 Hummelhotel

Immer häufiger lesen wir, dass der Lebensraum für Insekten immer weniger wird. Aber nicht in deinem Garten, denn hier kannst du ganz einfach ein buntes Zuhause für alle möglichen Arten schaffen. Totholzhaufen und Bretterstapel, die auf den ersten Blick nicht sehr einladend aussehen, sind für Insekten wahre Luxuswohnungen. Wer es lieber ordentlich mag, kann mit einem selbst gebauten Hummelhotel die puscheligen Insekten zu sich nach Hause einladen. Gut zu wissen: Für die Bestäubung sind Hummeln genauso wichtig wie Bienen. Sie fliegen sogar meist als erste durch unsere Gärten und helfen so, Obstbäume frühzeitig zu befruchten.

DU BRAUCHST:
Einen großen Blumentopf, gehäckseltes Holz, Moos und kleine Bretter

SO GEHT'S:
Für diese schnelle Version des Hummelhotels den Blumentopf zuerst mit Moos und Holzspänen füllen. Anschließend an einem regengeschützten und schattigen Ort umgedreht (so, dass das kleine Loch am Boden nach oben zeigt) auf einen festen Untergrund stellen. Aus den Hölzern eine kleine Überdachung basteln und über das Loch am Topfboden stellen. So haben es die Hummeln auch bei Starkregen schön trocken.

Was sonst so im Garten los ist

Frühlingszeit ist Gartenzeit. Wenn die letzten Frostnächte endlich vorüber sind, befreien wir die Böden von Laub und Mulch. Vor allem Böden mit einem hohen Anteil an Lehm und Ton sollten jetzt im Frühjahr umgegraben werden. Danach lässt du sie etwas ruhen. So können nützliche Mikroorganismen wieder in die oberen Schichten gelangen. Danach kannst du endlich die ersten Obst- und Gemüsesorten anpflanzen: junge Apfel- oder Kirschbäume, Brombeersträucher, Erdbeeren oder auch Möhren, Kohlrabi oder Kresse. Je früher die Pflanzen in der Erde wachsen können, desto kräftiger werden sie.

Im Frühling steht auch der Zuschnitt von Bäumen, Sträuchern und Hecken auf dem Plan. Am besten noch bevor die ersten Blätter austreiben. Die alten Zweige werden direkt am Ansatz entfernt, um neuen Trieben Platz zu machen.

Aber Vorsicht: Zwischen März und Oktober sind nur sogenannte Formschnitte erlaubt, da in dieser Zeit die Vögel brüten.

Lieber Krokus,

wenn du deinen lilablauen Kopf aus dem Boden reckst, wissen wir: Der Winter ist vorbei! Jetzt wird es wieder wärmer und bald können wir die ganze Farbenpracht der Natur genießen. Doch davor sind all unsere Blicke nur auf dich gerichtet. Du bist der Hoffnungsschimmer zwischen all dem Braun und Grau. Nicht nur für uns, sondern auch für die ersten Insekten, die auf ihrer Suche nach Nahrung an deinem Nektar fündig werden. Schön, dass es dich gibt!

Jeder fängt mal klein an

Um mit dem Gärtnern zu starten, brauchst du nicht gleich einen großen Hof. Noch nicht einmal einen Schrebergarten. Ein Balkon, egal wie klein, eignet sich perfekt für deine ersten Selbstversorgerexperimente. Der Riesenvorteil einer Stadtwohnung ist zum Beispiel, dass es dort immer ein paar Grad wärmer ist als auf dem Land, da die Steine der vielen Häuser die Sonnenwärme speichern und auch in der Nacht noch abgeben. So wachsen Pflanzen selbst im Schatten noch optimal.

Um den Durchblick zu behalten, ist eine gute Planung das A und O. Das fängt schon bei der Bepflanzung deines Balkons an. Was eignet sich für dich am besten? Blumentöpfe, Rankhilfen für die Wände oder schmale Hochbeete, die sich vielleicht auch noch stapeln lassen? Hier ist weniger allerdings mehr. Ein Balkon verfügt schließlich nur über eine bestimmte Traglast. Ist das Hochbeet zu groß, kann es schnell mal zu schwer für die Statik werden. Deshalb vielleicht zuerst lieber zu Blumentöpfen oder Rankhilfen greifen.

Tolle Balkonpflanzen sind: Kletterzucchini, Gurken, Tomaten, Paprika, Auberginen oder Melonen. Auch Salate, Kräuter, Erdbeeren, Minipaprika,

Chilis, Buschtomaten, Erbsen, Bohnen und Kapuzinerkresse kannst du prima anbauen. Rankendes Gemüse schmeckt übrigens nicht nur lecker, sondern eignet sich auch noch als Sichtschutz bei neugierigen Nachbarn.

Sei einfach kreativ und stell dir vor, dass du deinen gesamten Balkon in einen essbaren Dschungel verwandeln kannst. Nutze jeden kleinsten Fleck und lass nichts aus, außer du hast es für Sitzgelegenheiten oder andere Notwendigkeiten reserviert. Denn neben der ganzen Selbstversorgung sollte auch dein Wohlfühlfaktor nicht zu kurz kommen.

Apropos Planung: Idealerweise lässt du deine Beete niemals leer stehen. Dafür kannst du einige Pflanzen schon in der Wohnung vorziehen. Das verschafft dir einen kleinen Zeitvorsprung. Salate wachsen besonders schnell. Je mehr du erntest, desto mehr Früchte entwickeln sich, wenn du ihnen genug Wasser und Dünger gibst! Denke stets daran, dass deine Pflanzen auf dich angewiesen sind und sich keine Nährstoffe von anderswo besorgen können. Wenn du all das im Hinterkopf behältst, kommt ganz schnell dieses stolze Gefühl der Unabhängigkeit in dir hoch. Das macht Lust auf mehr!

Bärlauchpesto

Von Anfang März bis Ende Mai verbreitet der Bärlauch in schattigen Ecken von Wäldern, Wiesen und sogar Parks seinen unvergleichlichen Geruch. Früher galt er als Unkraut. Kannst du dir das vorstellen? Dabei ist er doch so lecker. Vor allem als Pesto kannst du ihn im Frühling so ziemlich zu allem essen.

DU BRAUCHST:

100 g Bärlauch, 150 g Nüsse deiner Wahl (zum Beispiel Pekannüsse oder Mandeln), 150 ml Olivenöl, 1 EL Zitronensaft, 70 g Parmesan, Salz und Pfeffer

SO GEHT'S:

Nüsse hacken und in einer Pfanne kurz anrösten und abkühlen lassen. Währenddessen den Bärlauch grob hacken, Parmesan reiben und zusammen mit dem Öl, dem Zitronensaft und den Nüssen fein pürieren. Pesto mit Salz und Pfeffer abschmecken, in ein sterilisiertes Glas füllen, fingerdick mit Olivenöl aufgießen und in den Kühlschrank stellen.

Hält ungeöffnet bis zu vier Wochen. Ist das Glas einmal geöffnet, sollte man das Pesto in zwei bis drei Tagen verbrauchen. Aber so lange dauert es meistens gar nicht.

Löwenzahngelee

Wenn dir der Frühling Löwenzahn gibt, macht einfach leckeres Gelee daraus. Kein Scherz! Die zarten Blätter der gelben Blüten eignen sich herrlich, um daraus einen süßen Brotaufstrich zu zaubern.

DU BRAUCHST:

100–120 Löwenzahnköpfe, 1 l Wasser, 1 kleine Bio-Zitrone, 500 g Gelierzucker 2:1, 50 g Rohrohrzucker

SO GEHT'S:

Die gelben Blütenblätter abzupfen, in einen großen Topf geben, mit dem Wasser übergießen und Abrieb der Zitronenschale hinzufügen. Jetzt Zitrone in Scheiben schneiden und auch noch dazugeben. Kurz aufkochen und anschließend 20 Minuten unter gelegentlichem Rühren köcheln lassen. Sud über Nacht abgedeckt durchziehen lassen.

Am nächsten Tag den Sud durch ein feines Tuch seihen. Jetzt die Flüssigkeit zusammen mit Gelierzucker und Rohrzucker unter ständigem Rühren auf höchster Stufe erhitzen und fünf Minuten kochen lassen. Dabei nicht mit dem Rühren aufhören!

Sobald die Gelierprobe gelingt, die heiße Masse in Gläser umfüllen und gut verschlossen vollständig abkühlen lassen. Kühl gelagert hält sich das Gelee mindestens ein Jahr.

EIN GRÜNES BLATT

EIN BLATT AUS SOMMERLICHEN TAGEN.
ICH NAHM ES SO IM WANDERN MIT.
AUF DASS ES EINST MIR MÖGE SAGEN.
WIE LAUT DIE NACHTIGALL GESCHLAGEN.
WIE GRÜN DER WALD.
DEN ICH DURCHSCHRITT.

Theodor Storm

Sommer

Jedes Jahr tritt der Sommer in unser Leben voller Wärme und Leichtigkeit, voller Enthusiasmus und Energie. Alle Farben der Natur blühen jetzt und leuchten.

Es ist eine Zeit der Fülle. Überall blühen Blumen und die Ernte gedeiht auf den Feldern, in Gärten oder auf Balkonen. Die Luft duftet, Bienen und Insekten summen geschäftig von Blume zu Blume. Und du? Du fühlst dich so lebendig wie schon lange nicht mehr und genießt die warmen, langen Tage und endlos scheinenden, magischen Sommerabende. Du bleibst so lange wie möglich wach, um so viel Licht wie möglich in dir aufzunehmen und es zu speichern wie die kleine Maus Frederik, damit du es noch lange in dir trägst, wenn die Nächte wieder länger und dunkler sind.

Wann fängt der Sommer eigentlich an?

Astronomisch gesehen beginnt die beliebte Jahreszeit mit der Sommersonnenwende. Das ist der längste Tag des Jahres, denn jetzt steht die Sonne senkrecht über dem nördlichen Wendekreis.

In Schweden sind die Feierlichkeiten zum Midsommar neben Weihnachten das zweitgrößte Fest im Jahr. Obwohl es sich bei diesem Tag um keinen gesetzlichen Feiertag handelt, bleiben die meisten Läden geschlossen und man trifft sich mit Freunden und Familie, um bei Feuer, Tanz und üppigem Büfett gemeinsam den Sommer zu begrüßen.

Seit dem Spätmittelalter stellen die Schweden außerdem eine Art Maibaum auf, den sie mit Zweigen und Blumen umwickeln, um darum herumzutanzen. Die Frauen und Mädchen tragen dazu bunten Blumenschmuck im Haar – ein altes Symbol für Wiedergeburt und Fruchtbarkeit.

Während der Mittsommernacht barfuß im Tau spazieren zu gehen soll übrigens die Gesundheit fördern.

Schwedischer Blumenkranz

Du musst nicht unbedingt Midsommar feiern, um dir aus den vielen bunten Blumen, die jetzt überall am Wegesrand oder im eigenen Garten wachsen, einen wunderschönen Haarschmuck zu flechten.

DU BRAUCHST:
Feinen Blumendraht, Blumen, buntes Band

SO GEHT'S:
Lege den Draht zu einem Halbkreis um deinen Kopf und schneide so viel Draht ab, wie du brauchst. Stecke jetzt deine Blumen zu kleinen Sträußen zusammen. Danach befestigst du Strauß für Strauß an deinem Blumendraht, und zwar so, dass sich die Blumen immer knapp überlappen. Mach so lange weiter, bis der Kranz voll ist. Binde an jedes Drahtende ein Stück des bunten Bandes. So kannst du den Kranz später einfach hinter deinem Kopf zuknoten. Trage ihn mit Stolz und Freude.

Übrigens: Um die Magie der Blumen das ganze Jahr über zu bewahren, hat man in Schweden früher gerne Sträuße getrocknet. Die wurden dann am Ende des Jahres ins Weihnachtsbad gelegt, um die Familie gesund durch den langen, kalten Winter zu bringen.

Im Juli warmer
Sonnenschein, macht
alle Früchte reif
und fein.

Bauernregel

Was sonst noch im Garten los ist

Im Sommer ist endlich die Zeit gekommen, deinen Garten oder Balkon in vollen Zügen zu genießen. Die Tage werden wärmer und länger und laden dazu ein, so lange draußen sitzen zu bleiben, bis sich die Sonne am Horizont verabschiedet.

Wenn du dabei möglichst lange auf bunte Blumen und Sträucher blicken möchtest, kannst du es bei bestimmten Pflanzen mit einem Totalrückschnitt probieren. Bei fast allen Sommerblumen, aber auch bei Stauden wie Katzenminze, Rittersporn, Flockenblume und Feinstrahlaster führt dieser Trick meist zu einer neuen Blüte. Einfach Blatt- und Blütentriebe komplett direkt über dem Boden kappen, etwas düngen und schließlich kräftig wässern.

Wenn du einen Nutzgarten dein Eigen nennst, kannst du dich jetzt über eine reiche Ernte freuen. Oder einfach noch einmal etwas Neues pflanzen. Rote Bete eignet sich zum Beispiel im Sommer prima als Nachkultur, wenn Salat und Zucchini schon geerntet sind. Einfach 2–3 cm dick Kompost verteilen und die Samen in Reihen im Abstand von 20 cm aussäen.

Liebes Rapsfeld,

du bist mehr als nur ein Feld voller Pflanzen. Du bist ein Meer aus Gelb, so leuchtend, dass man hineinspringen und darin baden möchte (sofern man keine Probleme mit Pollen hat). Ab Mai begleitest du uns sanft in den Sommer. Deine intensive Farbe weckt die Vorfreude auf lange Stunden voller Wärme, Zufriedenheit und Glück. Manchmal strahlst du so hell, dass wir die Augen zukneifen müssen, um dich richtig erkennen zu können – aus dem Fenster unserer Autos oder vom Fahrradsattel aus, wenn wir an dir vorbeiradeln und nichts sehen außer – Gelb!

Gartenschaukel

Dem herrlich gemütlichen Hin und Her einer Hollywoodschaukel kann man nur schwer widerstehen. Man kann nicht rausfallen wie aus einer Hängematte und sich trotzdem bequem im Schatten ausruhen und sich dabei sanft in die eigenen Tagträume wiegen lassen. Dieses vereinfachte Modell kannst du ganz leicht selbst bauen und sogar in kleinen Gärten nutzen.

DU BRAUCHST:

Eine Holzbank (nicht zu schwer), 2 dicke Seile, Bohrer, einen starken Baum

SO GEHT'S:

Mit dem Bohrer zwei Löcher an jedem Ende der Sitzfläche der Bank bohren, die Seile durchziehen und mit einem dicken Knoten befestigen. Danach die Seile mit dem anderen Ende an einem dicken, stabilen Ast befestigen, wo die Bank frei schwingen kann. Mit Kissen und Decken maximal gemütlich machen!

Omas Johannisbeergelee

Es gibt wenig, das besser schmeckt als selbst eingekochte Marmelade oder Gelee. Mit diesem Rezept füllst du dir den Sommer aus dem Garten direkt ins Glas.

DU BRAUCHST:

1 kg Johannisbeeren (rot, weiß, schwarz, egal!), 300 ml Wasser, 800 g Zucker pro Liter Saft

SO GEHT'S:

Johannisbeeren putzen und waschen, mit dem Wasser in einen großen Topf füllen und abgedeckt etwa zehn Minuten kochen lassen. Währenddessen die Beeren leicht zerdrücken. Anschließend durch ein feines Sieb oder (noch besser!) ein Seihtuch über einer Schale abtropfen lassen. Saft abmessen und zusammen mit der passenden Zuckermenge in einen Topf geben. Unter ständigem Rühren aufkochen, bis sich der Zucker aufgelöst hat und die Gelierprobe klappt. Danach in Gläser füllen und mit dem Deckel nach unten abkühlen lassen.

Man ist nie zu alt,
um wild durch
einen Laubhaufen
zu rennen.

Unbekannt

Herbst

Tschüss, lieber Sommer! Es war wie immer schön mit dir, deinen langen Tagen und warmen Nächten. Aber wenn wir ehrlich sind, freuen wir uns auch sehr über deinen kühleren Bruder mit seinem raschelnden Laub, dem peitschenden Regen und den Stürmen, die das eigene Zuhause noch gemütlicher werden lassen. Doch am sehnlichsten erwarten wir die leuchtenden Farben der Natur. Ein Spaziergang kann jetzt alle Arten von Herbstschätzen offenbaren: eine getrocknete Samenhülse oder ein zartes, gewelltes Blatt. Hach, man möchte ewig in dieser Pracht schwelgen …

Wann beginnt eigentlich der Herbst?

Du ahnst es sicher schon: Genau wie beim Frühling und beim Sommer gibt es auch für den Herbstanfang immer zwei Termine. Der meteorologische Herbstanfang fällt jedes Jahr auf den 1. September. (Die machen es sich aber auch einfach, diese Wissenschaftler!) Der kalendarische oder auch astronomische Herbst beginnt hingegen erst um den 23. September herum. Dann ist die Nacht genauso lang wie der Tag. Genau wie beim Frühling spricht man bei diesem Ereignis von einem Äquinoktium. Die Sonne steht dann mittags senkrecht über dem Äquator. Übrigens: Weil das Jahr bekanntlich nicht exakt 365 Tage, sondern durchschnittlich 365 Tage fünf Stunden 49 Minuten und eine Sekunde hat, beginnt jeder Herbstanfang etwa sechs Stunden später als der ein Jahr zuvor. Dank des Schaltjahres fällt uns das allerdings nicht auf.

Was passiert jetzt in der Natur

Wenn die Wälder in den buntesten Farben leuchten und die Blätter schließlich in großen, raschelnden Haufen am Boden liegen, ziehen auch die ersten Stürme auf. Eichhörnchen und Igel ziehen sich für den Winter zurück.

Auch du kannst dich vor den Stürmen des Herbstes verkriechen oder mit ihnen spielen, indem du über eine Wiese rennst, den Wind auf deiner Haut und in deinen Haaren spürst und den Drachen immer höher steigen lässt – lachen, frei sein.

Wusstest du, dass die Tradition des Drachensteigens das erste Mal vor über 2500 Jahren in China erwähnt wurde? Jüngste Funde in Indonesien weisen sogar darauf hin, dass diese Kunst noch viel älter ist. Bei uns ist dieses Hobby seit dem 16. Jahrhundert bekannt. Damals brachten europäische Kaufleute die ersten Drachen aus China, Japan und Korea mit nach Europa. Schon zwei Jahrhunderte später waren Drachen auch in Europa ein verbreitetes Kinderspielzeug. Benjamin Franklin nutzte einen Drachen, um dem Geheimnis der Blitze auf die Spur zu kommen.

Zeit der Fülle

Der Herbst ist die Zeit der Fülle. Als Kind merkte ich das spätestens dann, wenn in der Schule oder bei meinen Großeltern das Erntedankfest vorbereitet wurde. Wir backten und kochten, um anschließend mit Freunden und Familie zu feiern. Der Herbst hat für mich deshalb von jeher etwas Schwelgerisches und Geselliges, worauf ich mich schon im Spätsommer freue.

Der Ursprung des Erntedankfests reicht bis in eine Zeit zurück, in der die Menschen zum größten Teil als Bauern von der Landarbeit lebten. Weil sie wussten, dass sie die kalten Wintermonate nur mit einer reichen Ernte überstehen konnten, dankten sie Gott am Ende der Erntezeit mit einem Fest.

Zuerst prägten Gutsherren und Großbauern diese Feste, indem sie für ihre Knechte und Mägde reichlich Essen und Erntebier auffuhren. Mit der Zeit gingen diese Feierlichkeiten immer mehr an die Kirchengemeinden über. Weil je nach Region die Ernte zu einem anderen Zeitpunkt reif war, taten die sich jedoch mit einem einheitlichen Datum schwer. Erst im Jahre 1972 einigten sich die Katholiken auf einer Bischofskonferenz auf den ersten Sonntag im Oktober als allgemeinen Termin in Deutschland.

Den Herbst feiern

Auch ich liebe es immer noch, den Herbst für seine Fülle zu feiern. Dabei geht es mir allerdings weniger um die reiche Ernte, sondern mehr um die Farbenpracht. Außerdem überraschen September und Oktober meist noch mit so vielen lauen Tagen und Nächten, dass es einfach schade wäre, sie ungenutzt verstreichen zu lassen. Lasst uns feiern!

DU BRAUCHST: Gar nicht viel! Die Hauptrolle spielt die Natur selbst.

SO GEHT'S: Lade einfach deine Freunde ein, decke den Tisch mit allen bunten Obst- und Gemüsesorten, die der Herbst zu bieten hat, und dann schnippelt und brutzelt ihr zusammen, was das Zeug hält.

TIPP: Heimisches Obst wie Äpfel, Birnen, Beeren halten genau wie Karotten, Tomaten oder Sellerie dann am längsten, wenn man jegliches Grün entfernt. Wurzelgemüse bleibt in feuchte Tücher gewickelt frisch.

Liebes Lagerfeuer,

knacken, knistern, lodern – deine Flammen versprühen nicht nur Funken, sondern auch eine ganz besondere Magie. Sie ziehen uns in ihren Bann, wenn wir uns um dich herum versammeln und reden, stundenlang einfach nur reden. Neben dir fällt jede Anspannung von uns ab, jede Zögerlichkeit anderen gegenüber. Deine Wärme hilft uns, uns anderen zu öffnen und ehrlich miteinander zu sein. Die Gespräche, die wir in deiner Nähe führen, hallen oft noch lange nach und halten uns selbst dann noch mit den Menschen verbunden, wenn du schon erloschen bist.

Schnelles Stockbrot

Zusammen ums Feuer sitzen, geduldig Stöcke in die Glut halten, in die Flammen schauen und deren Wärme auf unseren Gesichtern spüren und – viel wichtiger – die Freiheit im Herzen.

DU BRAUCHST:

500 g Mehl, 1 EL Zucker, 250 ml lauwarmes Wasser, 1 Prise Salz, 40 g frische Hefe, lange Stöcke, Schnitzmesser

SO GEHT'S:

Mehl und Zucker zusammen in eine Schüssel geben. Wasser und etwas Salz vermischen. Danach die Hefe darin auflösen und mit der Mehlmischung zu einem glatten Teig verkneten. Circa eine Stunde gehen lassen. In der Zwischenzeit an einem Ende eines dicken Stocks mit dem Schnitzmesser die Rinde entfernen und das Ende anspitzen. Wenn der Teig so weit ist, eine Handvoll am Ende des Stocks aufwickeln und über das Lagerfeuer halten, bis das Stockbrot leicht gebräunt ist.

Was sonst noch im Garten los ist

Wenn der Schwarze Holunder reif ist, setzt der Frühherbst ein. Jetzt kannst du auch die ersten Birnen und saftigen Zwetschgen ernten. Anfang September fallen dann die Kastanien vom Baum und die Walnüsse reifen an den Bäumen. Das ist die Zeit, in der auch Eichhörnchen und Eichelhäher immer öfter durch deinen Garten hüpfen, um so viele Nüsse und Eicheln wie möglich für den Winter zu sammeln.

Tipp: Laub kann deine Pflanzen vor Frost schützen und durch die langsame Zersetzung gibt es auch noch Nährstoffe an deine Beete ab. In der Natur liegt niemals eine Fläche offen, denn damit würden die Milliarden von Mikroorganismen zerstört, die den Boden fruchtbar machen. Unter dem Laub kann sich ein wärmeres Klima entwickeln, das den Bodenorganismen Schutz gibt, damit dein Boden auch im nächsten Jahr wieder fruchtbar ist.

Schmeiß dein Laub also nicht weg, sondern verteile es lieber als natürlichen Frostschutz auf deinen Beeten.

Ein Haus für einen Igel

Laub bietet nicht nur dem Boden Schutz, sondern auch einigen Tieren, die in deinem Garten leben. Wirf die heruntergefallenen Blätter also nicht weg, sondern reche sie zu größeren Haufen zusammen, in denen sich zum Beispiel der Igel ein sicheres Bett machen kann.

In deinem Garten liegt nicht genug Laub? So baust du einen einfachen Unterschlupf für kleine Igel:

DU BRAUCHST:

Alte Obstkiste, Stroh, Säge

SO GEHT'S:

In eine alte Obstkiste einen kleinen Eingang für den Igel sägen. In einer ruhigen, geschützten Ecke im Garten aufstellen und mit trockenem Laub oder Stroh füllen, damit es der Igel schön kuschelig hat. Wenn du es perfekt machen möchte, gräbst du unter dem Igelhaus noch eine kleine Grube und füllst diese mit Kieselsteinen oder Sand. Der Igel muss auch während des Winterschlafes mal Wasser lassen und geht dafür nicht extra aus dem Haus. Damit sich möglichst wenig Wasser in der Behausung sammelt, kannst du den Unterschlupf am besten auf Bretter stellen.

Tomaten-Chili-Marmelade

Im Herbst geht's ans Eingemachte. Egal, ob du selbst etwas angepflanzt hast, vielleicht einen Selbsterntegarten in deiner Nähe hast oder auf dem Markt saisonales Obst und Gemüse kaufst: Es gibt keinen besseren (und köstlicheren) Weg, um die Früchte des Herbstes lange haltbar zu machen, als sie einzukochen. Diese Tomaten-Chili-Marmelade ist süß, salzig und feurig zugleich. Außerdem kannst du sie nicht nur selbst essen, sondern auch wunderbar verschenken.

DU BRAUCHST:

3 kg grob gehackte Tomaten, 18 Knoblauchzehen (ja, 18!), 4–6 rote, entkernte Chilischoten, 13 cm Ingwer (geschält und gehackt), 1 kg Rohrohrzucker, 360 ml Rotweinessig

SO GEHT'S:

In einer Küchenmaschine Tomaten mit Knoblauch, Chilis und Ingwer pürieren. Es dürfen noch kleine Stücke drinbleiben. Die Mischung in einen großen Topf geben, zusammen mit den restlichen Zutaten aufkochen, Schaum abschöpfen, Hitze reduzieren und unter häufigem Rühren 30–40 Minuten leicht köcheln lassen, bis die Mischung eindickt und sich verdunkelt. Anschließend in sterile Gläser füllen und das ganze Jahr lang genießen.

Frischer Schnee
bedeckt die Felder, nur
noch Stille, weit und breit.
Und in einem Augenblick
spüre ich die Ewigkeit.

Unbekannt

Winter

Der Winter hat keinen guten Ruf. Umfragen zufolge mögen ihn nur fünf Prozent der Deutschen. Dem Rest ist er zu nass, zu kalt, zu dunkel und zu ungemütlich. Wie steht es mit dir?

Vielleicht solltest du dem Winter einmal eine Chance geben. Denke zum Beispiel an dieses matt quietschende Geräusch, das deine Schuhe machen, wenn du über eine frische Schneedecke läufst. Oder die Stille, die sich direkt über eine verschneite Straße legt. Und an den Geruch – so pur und rein duftet nur frisch gefallener Schnee.

Und dann ist da ja auch noch die gute alte Schneeballschlacht, die sogar dann Spaß macht, wenn man seinen Kinderschuhen schon seit ein paar Jahren entwachsen ist. Wenn dir das zu wild ist, kannst du natürlich auch einen Schneemann bauen.

Und bei milderem Wetter? Genießt du einfach die besonderen Momente des Glücks, wenn die warme Wintersonne deine Haut küsst.

Wann fängt der Winter eigentlich an?

Der kürzeste Tag des Jahres ist gleichzeitig auch der astronomische Winteranfang: Am 21. Dezember ist Wintersonnenwende und damit die längste Nacht und der kürzeste Tag des Jahres.

Für die Meteorologen hat der Winter jedoch (wie immer) schon längst mit dem 1. Dezember begonnen. So weit, so wenig überraschend. Aber wie übrigens auch bei allen anderen Jahreszeiten gibt es noch einen dritten möglichen Winteranfang.

Neben dem astronomischen und dem meteorologischen gibt es nämlich auch noch den phänologischen Winteranfang. Dieser hat jedoch kein festes Datum, da er sich nach periodisch wiederkehrenden Erscheinungen richtet: vom Ende der Feldarbeit bis zum Beginn der Schneeglöckchenblüte.

Was passiert jetzt in der Natur

Selbst die karge Landschaft des Winters hat ihre Reize. Denn sie ist mit keiner anderen Jahreszeit zu vergleichen. Während uns Frühling, Sommer und Herbst mit Blüten und Farben verwöhnen, zeigt uns der Winter die majestätische Schönheit der Bäume unter ihrem Blätterkleid und die pure Reinheit eines mit frischem Schnee bedeckten Feldes.

Nur im Winter findest du draußen echte Stille. Wenn du bereit bist, dich auf diese Ruhe einzulassen, kann sie dir große Zufriedenheit bescheren. Lass dich in ihr einhüllen wie in eine warme, weiche Decke. Und vergiss deine Termine, die Hektik und den Stress.

Wenn die Natur all ihr reges Treiben auf ein Minimum reduziert, ist auch für dich die Zeit der Einkehr gekommen.

Du verpasst nichts, wenn du ganz im Moment sein kannst.

Spitzkohlquiche

Hmmmm, mein Lieblingsgericht für kalte Tage! Der Teig ist zwar etwas bröselig, aber zusammen mit der cremigen Füllung schmeckt er einfach wunderbar. Am liebsten backe ich diese Quiche, wenn Freunde zu Besuch kommen.

DU BRAUCHST:

120 g kalte Butter (+ 1 EL), 200 g Mehl, 400 g Spitzkohl, 1 EL Öl, 125 g Ziegenfrischkäse, 2 Eier, 200 g Crème fraîche, geriebene Muskatnuss, Salz und Pfeffer

SO GEHT'S:

120 g kalte Butter mit Mehl und 1 TL Salz zu einem glatten, festen Teig verkneten und im Kühlschrank mindestens 30 Minuten ruhen lassen. In der Zwischenzeit Spitzkohl in circa 1 cm große Quadrate schneiden, 1 EL ÖL zusammen mit 1 EL Butter in einer Pfanne erhitzen und Spitzkohl darin glasig dünsten. Nach Belieben salzen und pfeffern und etwas abkühlen lassen. Teig in eine Quicheform füllen. Kohl hineinfüllen. Ziegenkäse zupfen und über dem Kohl verteilen. Jetzt Eier und Crème fraîche glattrühren und mit Muskat, Salz und Pfeffer abschmecken. Danach über dem Kohl verteilen. Quiche bei 200 °C circa 30 Minuten backen.

Liebe Schneeflocke,

federleicht schwebst du zur Erde und tauchst die Welt in ein jungfräuliches Weiß. Und für einen Moment vergessen wir unser Erwachsensein. Wie ein Kind jagen wir dir hinterher, versuchen, dich mit unserer Zunge aufzufangen. Oder zählen die Sekunden, bis du auf unserem Handrücken allmählich zu einem Tropfen zerrinnst.

So grenzenlos wie deine eigene Form scheinen auch die Bilder, die du in den Winter zeichnest, wenn du dich kunstvoll um einen ausgetrockneten Tannenzapfen legst oder ein Fantasiegemälde auf unsere Fensterscheiben malst.

Mit deinem Glitzern bist du wie ein winziger Spiegel, mit dem wir tief in unsere Seele blicken können, um uns daran zu erinnern, was uns wirklich glücklich macht.

Futter für die Vögel

Weil Amsel, Spatz und Meise mittlerweile nicht nur im Winter kaum noch Nahrung finden, sind ihre Bestände in den letzten 30 Jahren stark zurückgegangen. Mit etwas Vogelfutter kannst du ganz einfach etwas dagegen tun und sogar neue Arten anlocken.

Am besten fängst du schon vor dem ersten Frost damit an. Die Grundversorgung für die meisten Vögel ist nämlich supereinfach: Sonnenblumenkerne, gehackte Erdnüsse, Hanfsamen und Haferflocken. Genauso gut sind Meisenknödel mit ordentlich Pflanzenfett. Du kannst sie selbst machen oder einfach kaufen. Beides ist fein.

Wenn du die Amseln in deiner Nachbarschaft besonders verwöhnen möchtest, kannst du ihnen Rosinen mit ins Vogelhäuschen legen.

Aber lass Speisereste wie Brot oder Gemüse bitte in deinem Bio-Mülleimer. Sie können Gewürze oder Krankheitserreger enthalten, die deinen gefiederten Freunden mehr schaden als nützen.

Was sonst noch im Garten los ist

Die Freude am Gärtnern beginnt tatsächlich schon im Winter, lange bevor du die ersten Blumen und Samen pflanzen kannst. Nutze die Zeit, um gemütlich in deine Lieblingsdecke gekuschelt auf dem Sofa zu sitzen und mit einem Block in der Hand zu planen und zu entscheiden, welche Farben dich im nächsten Jahr erfreuen sollen und wo all die Blumen und Stauden stehen können, damit sie dein Zuhause nicht nur verschönern, sondern auch für Vögel und Insekten ein Heim werden können.

Studien haben ergeben, dass unser Körper das Glückshormon Serotonin auch dann produziert, wenn wir uns etwas Schönes ganz deutlich vorstellen. Genau dazu ist der Winter da: Dir vor deinem inneren Auge die Farbenpracht auszumalen, die dich bald wieder erwarten wird.

Und bis dahin? Genießt du das beruhigende Weiß und die Entschleunigung, die die Kälte da draußen mit sich bringt.

DIE GRÖSSTEN EREIGNISSE,
DAS SIND NICHT UNSERE LAUTESTEN,
SONDERN UNSERE STILLSTEN
STUNDEN.

Friedrich Nietzsche

SELBST GEMACHT

 # Glögg

Die schwedische Version unseres Glühweins schmeckt besonders gut an
kalten Tagen, aber nicht nur dann.

DU BRAUCHST:

500 ml Wasser, 1 Zimtstange, 1 EL Gewürznelken, 1 EL getrocknete Orangenschalen, 1 EL zerstoßene Kardamomkapseln, 2 Flaschen Rotwein (den
guten!), 4 EL extrafeinen Zucker, 500 ml Wodka

SO GEHT'S:

Das Wasser zusammen mit Zimt, Kardamom, Nelken und Orangenschalen
in einem großen Topf zum Kochen bringen. Anschließend 15 Minuten bei
geringer Hitze köcheln lassen. Jetzt vom Herd nehmen und noch mal 15
Minuten ziehen lassen. Danach Rotwein und Zucker dazugeben, langsam aufkochen und zehn Minuten köcheln lassen. Zum Schluss Wodka
dazugeben und für weitere fünf Minuten köcheln. Prost!

Gesellige Weihnachtszeit

Weihnachten ist viel mehr als Heiligabend und Geschenke. In meinem Heimatort feiern wir diese besondere Zeit mit dem lebendigen Adventskalender. Vom 1. bis zum 24. Dezember öffnet jeden Tag eine andere Familie ihre Tür, um gemeinsam mit fremden und bekannten Menschen aus der Nachbarschaft zu singen, zu reden und einfach Zeit zu verbringen.

Ähnlich schön finde ich aber noch zwei andere gesellige Traditionen: Das Julfest und das Christbaumloben. In Süddeutschland kann es an den Tagen zwischen den Jahren nämlich passieren, dass spontan die Nachbarn bei einem klingeln, um den Weihnachtsbaum in den Himmel zu loben – egal wie krumm und karg er sein mag. Was man dann macht? Sich freuen und einen Schnaps reichen. Spontaner Spaß für alle!

Kurz vor Heiligabend feiert man in der Nacht vom 20. auf den 21. Dezember in Schweden die Wintersonnenwende mit dem Julfest draußen vor einem großen Feuer zusammen mit Freunden und Familie.

All diese Traditionen haben eins gemeinsam: Sie stärken das Gemeinschaftsgefühl und zeigen, dass wir füreinander da sind. Schön!

Liebe Besinnlichkeit,

der eine findet dich in Gänsebraten mit Rotkohl und Klößen, die andere in Kerzenschein und leiser Musik. Du hast viele Gesichter und bedeutest doch vor allem eines: Du bist der Weg, mit dem wir zu uns selbst finden. Und das nicht nur an Weihnachten und langen Wintertagen, sondern zu jeder Zeit, in der wir die Ruhe finden, im Moment zu bleiben. Dann kommst du zu uns als Rauschen des Windes, der durch eine Baumkrone weht. Oder als üppig gedeckter Tisch, an dem wir gemeinsam mit Freunden und Familie sitzen, miteinander reden, lachen und glücklich sind.

Du bist unsere Oase in einem stressigen Alltag. Mit dir finden wir zu einem tieferen Sinn und zum Nachdenken, zum Entspannen und zum Genießen. Danke, dass du immer da bist, wenn wir dich brauchen.

Über die Autorin

Yvonne Adamek schreibt als Autorin für die Zeitschriften FLOW und HYGGE am liebsten über Themen wie Psychologie, Nachhaltigkeit und Achtsamkeit. Alle zwei Wochen unterhält sie sich in ihrem Podcast »Ideen für eine bessere Welt« außerdem mit interessanten Menschen über die spannende Frage, was jede*r von uns tun kann, um die Welt zu einem schöneren Ort zu machen.

Lange Zeit hat sie dies von ihrer gemütlichen Altbauwohnung im Herzen Hamburgs aus getan. Einmal außerhalb einer Metropole zu leben? Undenkbar! Ihr Bedürfnis nach Ruhe und Natur erfüllte sie sich mit regelmäßigen Ausflügen ins Umland. Und genau dort fand sie vor ein paar Jahren ihr Traumgrundstück, wo sie jetzt glücklich mit Hund, Mann und zwei Söhnen lebt. Das Schönste ist der alte, knorrige Quittenbaum im Garten, der glücklicherweise alle zwei Jahre so viele Früchte abwirft, dass die Quittengelee-Vorräte nie ausgehen.

Ihr Wunsch ist es, mit diesem Buch ihre Erfahrungen mit dir zu teilen und dir zu zeigen, dass du die Liebe zum Land und der Natur überall entdecken kannst.

In einigen Fällen war es nicht möglich, für den Abdruck der Texte die Rechteinhaber zu ermitteln. Honoraransprüche der Autoren, Verlage und ihrer Rechtsnachfolger bleiben gewahrt.

Bildnachweise:
Cover: www.shutterstock.com: Annette Shaff, Kitja Kitja, Gajus, mmmx, Annette Shaff, Ardea-studio, GoodStudio; Unsplash: Peter Schad;

Bilder Innenteil: S. 4: Sutasinee Anukul / Shutterstock.com, S. 8: YanaKotina / Shutterstock.com, S. 12: CHRISTIAN DE ARAUJO / Shutterstock.com, S. 14: LedyX / Shutterstock.com, S. 17: iravgustin / Shutterstock.com, S. 22, 23: Amnaj Khetsamtip / Shutterstock.com, S. 30, 31: Alena Ozerova / Shutterstock.com, S. 36, 37: Olena Kondratenko / Shutterstock.com, S. 40: Getty Images / Andrii Lutsyk/ Ascent Xmedia, S. 42, 43: muratart / Shutterstock.com, S. 48: Suzanne Tucker / Shutterstock.com, S. 50, 51: Jan Faukner / Shutterstock.com, S. 54, 55: Triff / Shutterstock.com, S. 56: Transia Design / Shutterstock.com, S. 59: Facto Photo / Shutterstock.com, S. 62: muratart / Shutterstock.com, S. 66, 67: Pakhnyushchy / Shutterstock.com, S. 70, 71: Arif Supriyadi / Shutterstock.com, S. 74, 75: Bachkova Natalia / Shutterstock.com, S. 88, 89: VICUSCHKA / Shutterstock.com, S. 92: ju_see / Shutterstock.com, S. 94: Viltaras / Shutterstock.com, S. 97: Eden Nguyen / Shutterstock.com, S. 100, 101: iravgustin / Shutterstock.com, S. 112, 113: Fanfo / Shutterstock.com, S. 118: Cyrustr / Shutterstock.com, S. 122, 123: Dan Gutu / Shutterstock.com; Vignetten / Hintergründe Innenteil: Irina Dolgikh, lena_nikolaeva, Lexi Claus, lena_nikolaeva, solmariart, Beskova Ekaterina, GoodStudio, MarushaBelle, GoodStudio, Agnieszka Matejczyk, avian, SVStudio, GoodStudio, Marrad_art, HappyPictures, Tartila, Blue Flourishes, GoodStudio, Liliana Danila, Ardea-studio, Ardea-studio, GoodStudio, Ruslana_Vasiukova, Gluiki, Liliana Danila, Alenka Karabanova, solmariart, GoodStudio, Alenka Karabanova, GoodStudio, Ln-prints, Ardea-studio, Nadia Grapes, GoodStudio, MaryCo, Marish, ONYXprj, cristatus, Lokichen, GoodStudio;

Covergestaltung: Grafisches Atelier, ArsEdition GmbH
Gestaltung Innenteil: Marielle Enders, itsme-design.de
Texte: Yvonne Adamek

ISBN 978-3-8458-4131-1
1. Auflage

www.arsedition.de